# 交通建设工程施工工点防护标准图册

浙江省交通工程管理中心　主编

人民交通出版社股份有限公司

北　京

## 图书在版编目(CIP)数据

交通建设工程施工工点防护标准图册 / 浙江省交通工程管理中心主编. — 北京:人民交通出版社股份有限公司,2022.8

ISBN 978-7-114-18110-8

Ⅰ.①交… Ⅱ.①浙… Ⅲ.①交通工程—工程施工—安全防护—安全标准—图集 Ⅳ.①U415-65

中国版本图书馆CIP数据核字(2022)第129828号

Jiaotong Jianshe Gongcheng Shigong Gongdian Fanghu Biaozhun Tuce

| | |
|---|---|
| 书　　名: | 交通建设工程施工工点防护标准图册 |
| 著 作 者: | 浙江省交通工程管理中心 |
| 责任编辑: | 黎小东 |
| 责任校对: | 席少楠　刘　璇 |
| 责任印制: | 刘高彤 |
| 出版发行: | 人民交通出版社股份有限公司 |
| 地　　址: | (100011)北京市朝阳区安定门外外馆斜街3号 |
| 网　　址: | http://www.ccpcl.com.cn |
| 销售电话: | (010)59757973 |
| 总 销 售: | 人民交通出版社股份有限公司发行部 |
| 经　　销: | 各地新华书店 |
| 印　　刷: | 北京市密东印刷有限公司 |
| 开　　本: | 787×1092　1/16 |
| 印　　张: | 9 |
| 字　　数: | 180千 |
| 版　　次: | 2022年8月　第1版 |
| 印　　次: | 2024年4月　第4次印刷 |
| 书　　号: | ISBN 978-7-114-18110-8 |
| 定　　价: | 128.00元 |

(有印刷、装订质量问题的图书由本公司负责调换)

# 《交通建设工程施工工点防护标准图册》

### 审定委员会

主　　任：项柳福　陈继禹
副 主 任：邱兴友　杨　洲　吴华宾　陈　翔

### 编写委员会

主　　编：吕聪儒
副 主 编：涂荣辉　伍建和　孙晓军　刘　学
编写人员：韩成功　赵殿鹏　许建兴　陈　磊　叶长运
　　　　　肖增家　胡慈波　俞腾翔　何明涛　张天宇
　　　　　李　季　吕　洲　王　寅　丁红海　吴　香
　　　　　张裕哲　吴东亮　邵　威　宋浙安　王呈豪
　　　　　朱嘉财　姚贵帮　王乾宏　黄　耀　周程伟
　　　　　徐浩然

### 编写单位

浙江省交通工程管理中心
浙江交投交通建设管理有限公司
浙江交工集团股份有限公司

# 前言 PREFACE

近年来，浙江省交通工程管理中心按照实施现代综合交通战略和建设品质工程的总体要求，全面开展安全生产标准化建设工作。通过安全生产标准化建设，落实了企业安全生产责任制，规范了安全管理制度建设和现场管控，提升了安全生产管理水平。在不断完善工程安全监管体系的基础上，创新安全文化建设，积极推广自动化、智能化、大型化的施工设备和定型式、装配式的安全防护设施，进一步强化了工程安全管理。

其中，工点标准化是重中之重。为便于工程一线人员提升质量安全意识和业务能力，我中心组织浙江交投交通建设管理有限公司等单位编写了《交通建设工程施工工点防护标准图册》。从桩基、承台墩身、盖梁、挂篮、满堂支架、桥面系、隧道、明挖隧道基坑、边坡、路面等区域的施工标准化，到两区三厂工点标准化，本书涵盖了交通建设工程施工的常见区域。在具体介绍时，本书从基本要求、标准化总体布局、标准化区域展示三个方面，对工点标准化的重点环节进行了分析和总结，并配有大量工程实践中的常见案例图片，供各交通建设工程项目参建单位从业人员学习借鉴。

未来，浙江省的交通基础设施重大建设项目大多位于山区和滨海地区，桥隧比例高、结构复杂，施工难度大，对浙江省交通项目建设的安全管理提出了新的挑战。面对新的挑战，我中心将不断推进交通强国战略实施和品质工程建设，为浙江省着力打造交通强国建设示范区、更高质量发展先行区和人民满意交通样板区当好先行官。

　　本书在编写过程中，得到了诸多交通同行的支持与帮助，在此一并表示衷心的感谢。

**浙江省交通工程管理中心**
**2022年5月**

# 目录 CONTENTS

**第1章　概述** ……………………………………………………………… **001**

**第2章　工点标准化建设要求** …………………………………………… **005**

   2.1　桩基施工"工点" ……………………………………………… 006

      2.1.1　陆域钻孔灌注桩施工 …………………………………… 006

         2.1.1.1　基本要求 ……………………………………… 006

         2.1.1.2　标准化总体布局 ……………………………… 006

         2.1.1.3　标准化区域展示 ……………………………… 006

      2.1.2　水域钻孔灌注桩施工 …………………………………… 009

         2.1.2.1　基本要求 ……………………………………… 009

         2.1.2.2　标准化总体布局 ……………………………… 009

         2.1.2.3　标准化区域展示 ……………………………… 009

   2.2　承台墩身施工"工点" ………………………………………… 011

      2.2.1　基本要求 ………………………………………………… 011

      2.2.2　标准化总体布局 ………………………………………… 011

      2.2.3　标准化区域展示 ………………………………………… 012

   2.3　盖梁施工"工点" ……………………………………………… 023

      2.3.1　现浇盖梁 ………………………………………………… 023

         2.3.1.1　基本要求 ……………………………………… 023

         2.3.1.2　标准化总体布局 ……………………………… 024

|  |  | 2.3.1.3 | 标准化区域展示 | 025 |
|---|---|---|---|---|
|  | 2.3.2 | 盖梁预应力张拉 | | 031 |
|  |  | 2.3.2.1 | 基本要求 | 031 |
|  |  | 2.3.2.2 | 标准化总体布局 | 031 |
|  |  | 2.3.2.3 | 标准化区域展示 | 032 |
| 2.4 | 挂篮施工"工点" | | | 034 |
|  | 2.4.1 | 基本要求 | | 034 |
|  | 2.4.2 | 标准化总体布局 | | 034 |
|  | 2.4.3 | 标准化区域展示 | | 035 |
| 2.5 | 满堂支架施工"工点" | | | 041 |
|  | 2.5.1 | 基本要求 | | 041 |
|  | 2.5.2 | 标准化总体布局 | | 041 |
|  | 2.5.3 | 标准化区域展示 | | 042 |
| 2.6 | 桥面系施工"工点" | | | 044 |
|  | 2.6.1 | 防撞护栏施工 | | 044 |
|  |  | 2.6.1.1 | 基本要求 | 044 |
|  |  | 2.6.1.2 | 标准化总体布局 | 044 |
|  |  | 2.6.1.3 | 标准化区域展示 | 044 |
|  | 2.6.2 | 湿接缝施工 | | 050 |
|  |  | 2.6.2.1 | 基本要求 | 050 |

# CONTENTS

  2.6.2.2　标准化总体布局 …………………………………………… 050

  2.6.2.3　标准化区域展示 …………………………………………… 050

2.7　隧道施工"工点" …………………………………………………………… 053

 2.7.1　基本要求 …………………………………………………………… 053

 2.7.2　标准化总体布局 …………………………………………………… 053

 2.7.3　标准化区域展示 …………………………………………………… 054

2.8　明挖隧道基坑施工"工点" ………………………………………………… 059

 2.8.1　基本要求 …………………………………………………………… 059

 2.8.2　标准化总体布局 …………………………………………………… 059

 2.8.3　标准化区域展示 …………………………………………………… 060

2.9　边坡施工"工点" …………………………………………………………… 064

 2.9.1　基本要求 …………………………………………………………… 064

 2.9.2　标准化总体布局 …………………………………………………… 064

 2.9.3　标准化区域展示 …………………………………………………… 064

2.10　路面施工"工点" ………………………………………………………… 066

 2.10.1　基层施工 ………………………………………………………… 066

  2.10.1.1　基本要求 …………………………………………………… 066

  2.10.1.2　标准化总体布局 …………………………………………… 066

  2.10.1.3　标准化区域展示 …………………………………………… 067

2.10.2 沥青面层施工 ……………………………………… 068
　　　　2.10.2.1 基本要求 ………………………………… 068
　　　　2.10.2.2 标准化总体布局 …………………………… 068
　　　　2.10.2.3 标准化区域展示 …………………………… 069

# 第3章　其他工点 ……………………………………………… 075

## 3.1 两区三厂施工"工点" ……………………………………… 076
　　3.1.1 临时建筑 ………………………………………… 076
　　3.1.2 预制厂 …………………………………………… 084
　　3.1.3 钢筋加工厂 ……………………………………… 093
　　3.1.4 生活区 …………………………………………… 104
　　3.1.5 施工便道 ………………………………………… 109

## 3.2 码头"工点"安全设施标准化 ……………………………… 115
　　3.2.1 大管桩吊装 ……………………………………… 115
　　3.2.2 钢扁担法围囹施工 ……………………………… 116
　　3.2.3 嵌岩钢施工平台搭设 …………………………… 116
　　3.2.4 上部结构 ………………………………………… 117
　　3.2.5 其他 ……………………………………………… 120

# 第4章　工程掠影 ……………………………………………… 125

第 1 章

CHAPTER 1

# 概述

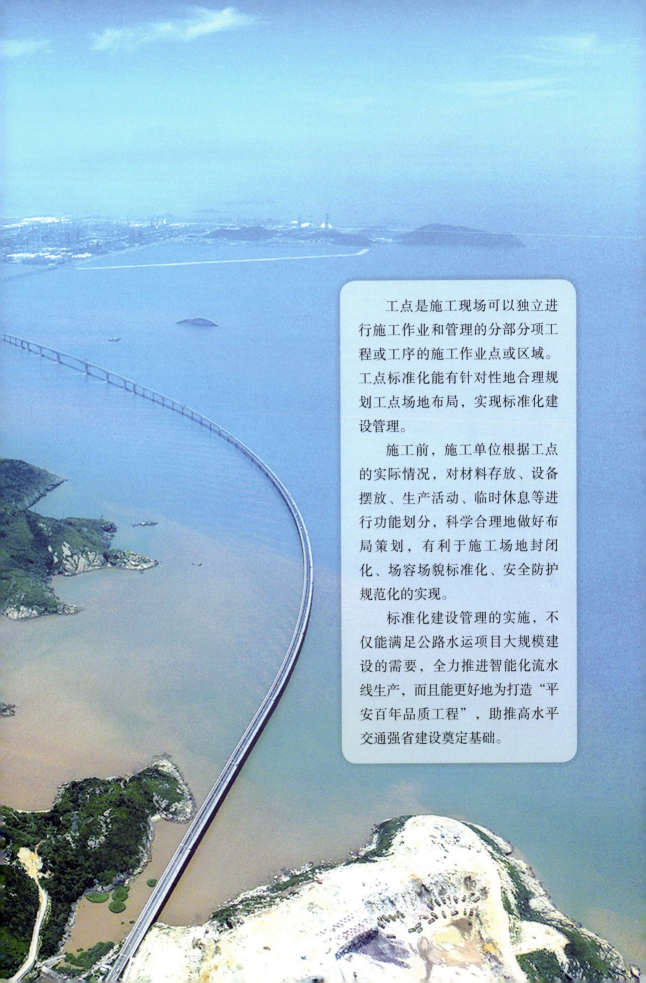

工点是施工现场可以独立进行施工作业和管理的分部分项工程或工序的施工作业点或区域。工点标准化能有针对性地合理规划工点场地布局，实现标准化建设管理。

施工前，施工单位根据工点的实际情况，对材料存放、设备摆放、生产活动、临时休息等进行功能划分，科学合理地做好布局策划，有利于施工场地封闭化、场容场貌标准化、安全防护规范化的实现。

标准化建设管理的实施，不仅能满足公路水运项目大规模建设的需要，全力推进智能化流水线生产，而且能更好地为打造"平安百年品质工程"，助推高水平交通强省建设奠定基础。

第 2 章

CHAPTER 2

工点标准化
建设要求

## 2.1 桩基施工"工点"

### 2.1.1 陆域钻孔灌注桩施工

#### 2.1.1.1 基本要求

桩基施工现场按照施工工序划分为吊装作业区、桩基作业区、泥沙分离区、钻渣堆放区、沉淀箱和储浆箱存放区、临时材料堆放区和钢筋笼堆放区。

桩基成孔后或施工暂停时,应设置水平防护,四周采用防护栏杆进行隔离,防护栏杆必须设置牢固,并张挂安全警示标语;桩基成孔检测时,孔口上应铺设跳板,并固定牢靠。

#### 2.1.1.2 标准化总体布局

▲ 陆域桩基施工标准化布局图

#### 2.1.1.3 标准化区域展示

陆域桩基泥浆池应采用防护网片进行防护,并设置警示牌。

◀ 陆域桩基泥浆池防护

陆域桩基作业时，孔口须设置防护网片进行围护，并设置警示牌。

▲ 孔口保护

冲击钻装设防护棚，防止雨水溅入发动机等设备。

▲ 冲击钻防护棚

桩基成孔时，桩头应采用硬隔离进行防护。

▲ 成桩保护

### 2.1.2 水域钻孔灌注桩施工

#### 2.1.2.1 基本要求

水域桩基施工前,必须了解水域的气象和水域的情况,并做好相关临水防护。水域桩基作业基本在栈桥上完成,根据作业需求可将施工区域划分为吊装作业区、桩基作业区、泥浆箱存放区和临时材料堆放区等。

#### 2.1.2.2 标准化总体布局

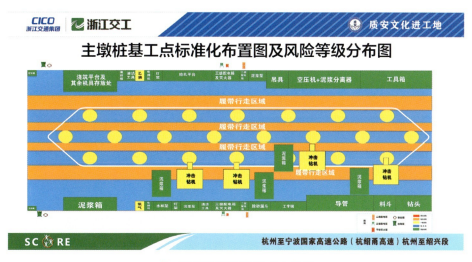

▲ 水域桩基施工标准化布局图

#### 2.1.2.3 标准化区域展示

水域灌注桩作业时,孔口应采用防护栏杆进行防护,并设置警示标志,禁止无关人员进入。

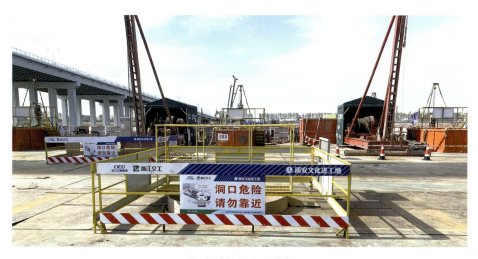

▲ 水域桩基作业防护

桩基成孔后，孔口应采用盖板等硬隔离进行防护，禁止人员靠近。

▲ 水域灌注桩成孔防护

▲ 材料设备堆放区

## 2.2 承台墩身施工"工点"

### 2.2.1 基本要求

承台墩身施工分为陆域和水域两种情况，工点现场设备和设施主要包括临时配电设施、吊机、汽车泵、安全防护设施等。

设备的选型需充分考虑施工的特点，以确保其适用性；施工前需要对进场的设备和设施进行验收，确保其性能满足安全生产的要求。

### 2.2.2 标准化总体布局

▲ 承台墩身施工标准化布局图

▶ 承台墩身施工标准化布局实景图

### 2.2.3 标准化区域展示

陆域承台墩身施工过程中,现场材料应分区、分类堆放,并码放整齐,可采用护栏等硬质材料进行分隔。材料堆放区内应设置材料标识标语,并预留安全通道,便于作业人员通行、取放。

水域承台墩身施工过程中,现场材料应分类、分区堆放,可采用油漆划线、设置护栏及锥帽等方式进行定位。

▲ 陆域承台材料分区堆放

▲ 水域承台小型机具分区摆放

陆域承台开挖后四周应设置1.2 m高的防护网片,并悬挂安全警示标志牌;承台周边1.5 m范围不得堆土,土堆应用绿网覆盖。水域承台四周须设置1.2 m高的临边防护,护栏四周应设置救生圈,并悬挂安全警示标志牌。

▲ 陆域基坑临边防护

▲ 水域承台临边防护

陆域承台、水域承台施工过程中，应设置人员上下安全通道，通道须经监理工程师验收合格并悬挂通道验收牌后，方可投入使用。

▲ 陆域基坑上下通道

▲ 水域承台上下通道

墩身施工时，应按规范设置装配式安全梯笼（包括基础、缆风、附墙等），梯笼须经监理工程师验收合格并悬挂通道验收牌后，方可投入使用。

▲ 陆域梯笼设置

▲ 水域梯笼设置

墩身施工模板平台需在每层四周设置临边防护和踢脚板，防护四周设置安全警示标牌，并在现场物品堆放区设置有效隔离及标识标牌，在吊装区域设置吊装警戒区及警示牌。

▲ 陆域墩身临边防护

▲ 水域墩身临边防护

▲ 设置物品堆放隔离区

▶ 设置标识牌（一）

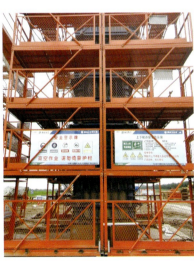

▲ 设置标识牌（二）

▲ 吊装警示牌

墩身钢筋安装前,需提前设置4道缆风绳及2个防坠器;墩身钢筋吊装时,需提前设置安全警示区,并安排专人旁站指挥。

▲ 吊装指挥　　　　　　　　▲ 墩身钢筋笼紧固及防坠器

墩身模板安拆时,工人需配备安全带。安装时要自下而上进行,拆除时要自上而下进行。此外,安装时要逐个拧紧螺栓并进行复查后,方可进行下一步施工。

▲ 施工作业配备安全带　　　　　　▲ 吊装墩身钢筋笼

每节模板安装完毕，必须先搭设安全平台及安装临边防护栏杆后，方可进行下一节模板安装。搭设安全平台时，必须安装全部螺栓并拧紧，并定期组织检修，防止脱焊变形等现象。

▲ 墩身安全平台

▲ 搭设墩身安全平台

梯笼安装、拆除时，要先用吊机吊住梯笼整体。安装时必须自下而上逐层进行，确保螺栓拧紧，防护网片安装到位，搭设完成后，在梯笼与墩身平台顶节之间设置安全连接通道，并设置至少4道缆风绳用于梯笼固定。梯笼拆除时，需自上而下进行。

▲ 安装梯笼及缆风绳

梯笼底座需用C20以上混凝土浇筑，其厚度不得小于15 cm；梯笼与底座之间需用膨胀螺栓连接。

▲ 梯笼底部

安全梯笼使用前，必须经过项目部安全科及监理办验收；梯笼需设置密码锁，人员上下必须随手关门，防止非施工人员进入；梯笼缆风绳严禁随意拆除。

▲ 梯笼验收

▲ 墩身警示牌

墩身施工时，平台上同时作业人员不得多于 7 人，可采用全包式作业平台进行作业；墩身作业完成后，需及时清理施工现场。

▲ 全包式作业平台

▲ 清理施工现场

## 2.3 盖梁施工"工点"

### 2.3.1 现浇盖梁

#### 2.3.1.1 基本要求

现浇盖梁施工现场按照标准化布置，分为盖梁作业区、吊装区、模板存放区、安全设施存放区等，并将盖梁施工平台上的螺母、波纹管、扎丝等物品存放进行划区布置，做到物品放置整齐有序。

### 2.3.1.2 标准化总体布局

▲ 盖梁施工标准化布局图

▲ 盖梁施工标准化布局实景图

### 2.3.1.3 标准化区域展示

▲ 施工便道人车分流

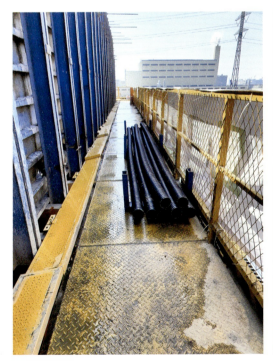

▲ 物品划区分类摆放

▲ 人员上下专用安全通道

根据标准化布局图布置施工现场，物品摆放有序，吊装作业区域应设置警戒区、警示牌、安全梯笼、上下盖梁安全通道、缆风措施等，并悬挂安全警示标牌。

▲ 吊装警戒区

▲ 装配式安全通道及平台

在盖梁上进行作业前,必须规范设置安全母绳,施工人员系好安全带;盖梁平台搭设时,四周应提前设置临边护栏,并在平台空隙处挂设安全网。

▲ 安全母绳

▲ 盖梁平台防护

盖梁作业平台电缆线采取绝缘措施挂设，电缆线与金属临边护栏交接处采用绝缘套管保护。

▲ 电缆线绝缘挂设

▲ 电缆线绝缘套

根据标准化布局图，划分盖梁施工功能区，设置区域标识牌，物品有序摆放。

▲ 盖梁施工材料堆放区（一）

▲ 盖梁施工材料堆放区（二）

盖梁安全梯笼应及时上锁，入口处需对人员进行安全风险提示。

▲ 梯笼电子密码锁

▲ 梯笼太阳能自动感应安全警示广播

### 2.3.2 盖梁预应力张拉

#### 2.3.2.1 基本要求

预应力张拉施工时，应在盖梁端头设置张拉作业平台和凿毛作业平台，并按照规定设置专用挡板。施工区域按照标准化布局图，划分为张拉作业区、凿毛作业区、工具存放区等。

#### 2.3.2.2 标准化总体布局

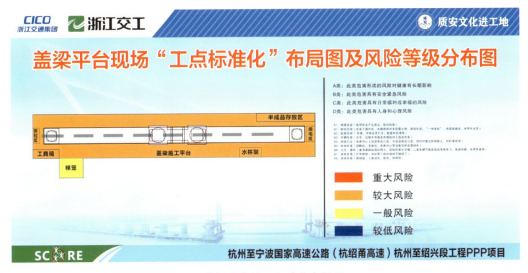

▲ 盖梁张拉施工标准化布局图

► 现浇盖梁张拉施工标准化布局实景图

### 2.3.2.3 标准化区域展示

根据标准化布局图，设置物品存放箱、水杯架，设置区域标识牌，确保物品有序摆放。

▲ 工具存放箱

▲ 水杯架

盖梁张拉施工时，应设置专业的凿毛及张拉作业平台，经监理工程师现场验收合格后挂牌使用。

▲ 凿毛作业平台

▲ 张拉作业平台

▲ 盖梁二次张拉作业平台车

## 2.4 挂篮施工"工点"

### 2.4.1 基本要求

应选用满足施工要求的挂篮设备，设备进场经检验合格后方可投入使用。

挂篮应安装安全监测系统，合理设置通道及防护措施，并设置安全警示标志标牌。

挂篮跨路施工时，必须设置安全防护棚，防护棚应满足安全防护要求，并设置相关安全警示标志，在施工时安排交通协管员进行交通协管。

### 2.4.2 标准化总体布局

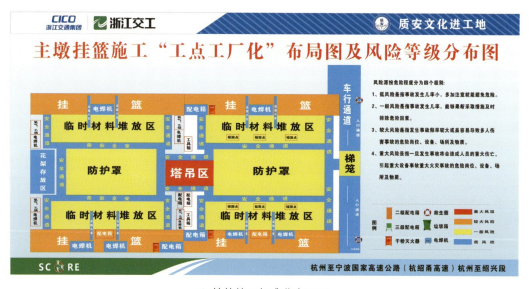

▲ 挂篮施工标准化布局图

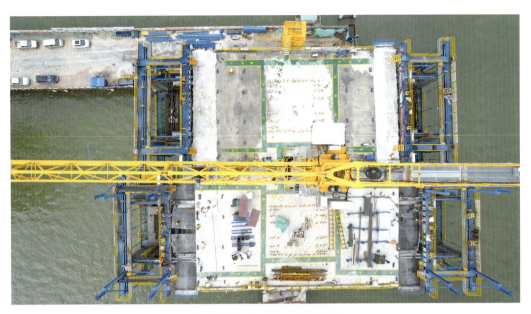

▲ 挂篮施工标准化布局实景图

## 2.4.3 标准化区域展示

挂篮施工作业平台应采用护栏网片进行防护，并设置踢脚板，挂设防坠网，防止材料等坠落。

▲ 地面到梁面梯笼通道

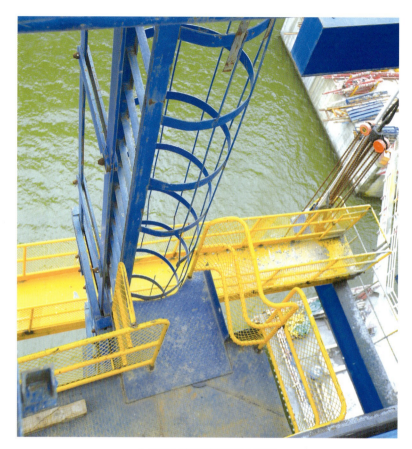

▲ 梁面到挂篮侧面安全通道

▲ 梁面到挂篮安全通道

挂篮施工平台需装配护栏网片，并设置踢脚板和防坠网，使用定制化作业平台和安全通道，经监理工程师验收合格后方可挂牌使用。

▲ 前端网片式临边防护

▲ 定制标准化作业平台

挂篮跨线施工时，下方应设置安全防护棚，通行路段应设置警示标志，现场需安排交通协管员疏导交通。

▲ 防护棚警示标语

▲ 设置交通协管员

挂篮顶部应采用色彩标识或栏杆等措施划分人行通道及施工区域，塔吊标准节与梁面漏空处应采用硬质隔离防护。

▲ 人行专用通道

▲ 梁面漏空处硬质隔离防护

◀ 配电箱存放区

▶ 电焊机存放处

挂篮应安装安全监测系统，对横梁角度、下沉量、拉力、俯仰角度等参数实时监测，实现24 h预警预控。

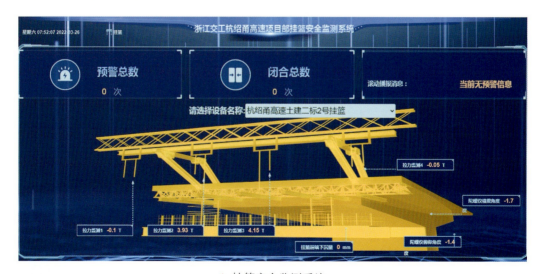

▲ 挂篮安全监测系统

## 2.5 满堂支架施工"工点"

### 2.5.1 基本要求

满堂支架现浇前，应先进行地基硬化处理，并定期进行监控测量。

支架搭设完成后，应设置安全警示标牌。

满堂支架底模铺设完成后，需在支架临边设置临时防护栏杆。

支架应设置安全通道，供作业人员上下通行。

结构物施工前，应提前做好临边防护工作。施工作业现场需根据标准化布局图设置区域标识牌，确保物品有序摆放。

### 2.5.2 标准化总体布局

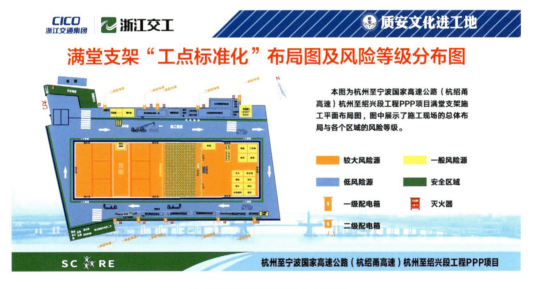

▲ 满堂支架施工标准化布局图

## 2.5.3 标准化区域展示

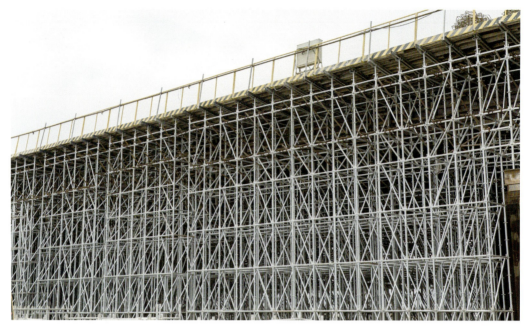

▲ 满堂支架

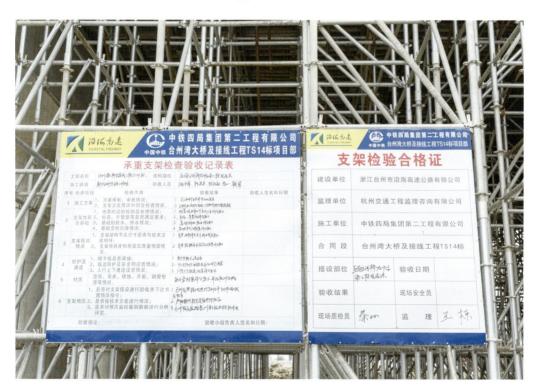

▲ 支架验收公示

▲ 满堂支架临边防护

跨线施工时,应装设门洞式支架防护设施,设置交通警示标志。

▲ 门洞支架防护

## 2.6 桥面系施工"工点"

### 2.6.1 防撞护栏施工

#### 2.6.1.1 基本要求

桥面系施工区域主要分为小型机具存放区、半成品区、原材料堆放区、模板堆放区、设备存放区和临时用电区。

#### 2.6.1.2 标准化总体布局

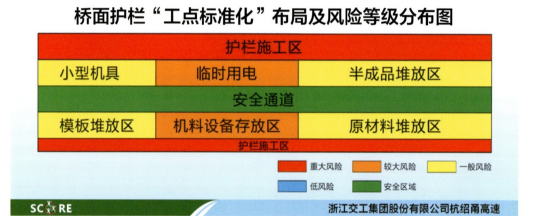

▲ 桥面护栏施工标准化布局图

#### 2.6.1.3 标准化区域展示

桥面护栏施工时,应合理设置安全母绳。

▲ 安全母绳设置　　　　　　　　▲ 安全带系挂

桥面系施工宜采用装配式护栏施工作业台车，台车需设置人员上下安全通道以及临边防护。台车投入使用前必须通过验收并悬挂验收合格牌。

▲ 钢筋定位架

◀ 内侧模板安装胎架

▶ 护栏浇筑平台

▲ 外侧模板安装平台

▲ 护栏模板安装台车

▲ 护栏浇筑平台

▲ 二次张拉台车

▲ 护栏作业挂篮

▲ 防撞护栏养护

▲ 中护栏多功能施工台车

▲ 边梁张拉平台

▲ 负弯矩张拉平台

▲ 焊接挡风棚车

▲ 护栏移动式操作平台

▲ 外护栏施工台车

### 2.6.2 湿接缝施工

#### 2.6.2.1 基本要求

高空作业时，需配备装配化作业平台。

焊接钢筋施工时，桥下需设置防护设施。

湿接缝应做好孔口防护并及时清理桥面杂物，防止坠物事故发生。桥梁断点处、桥梁端头需做好封闭处理。

#### 2.6.2.2 标准化总体布局

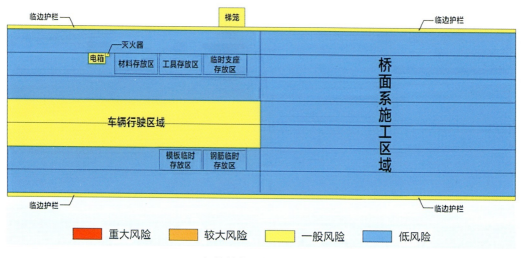

▲ 湿接缝施工标准化布局图

#### 2.6.2.3 标准化区域展示

湿接缝施工材料应分类、分区堆放，并设置相应的材料名称标识牌。湿接缝在浇筑之前，应采用硬质材料进行防护。

▲ 材料堆放分区管理

▲ 硬质材料防护

湿接缝钢筋焊接时，作业人员必须持焊工作业证上岗，并配齐个人防护用品。作业时，工人必须佩戴安全带，安全带需系挂在梁板预埋的门字筋上。

横隔板焊接时，需设置可折叠安全挂篮平台，便于作业人员使用，挂篮应采用钢丝绳与梁板预埋钢筋进行固定。

▲ 湿接缝焊接防护

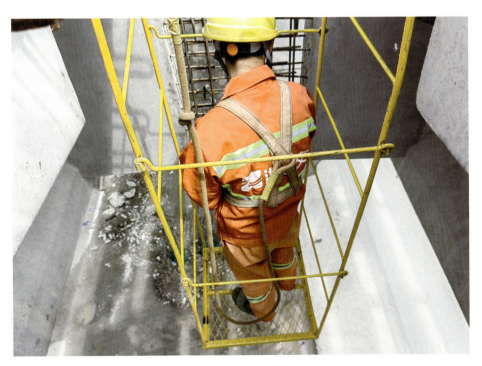

▲ 横隔板安全挂篮平台

桥面设置左右幅安全通道，安全通道设置时应根据桥面的宽度进行设计，投入使用前必须通过监理工程师验收并悬挂验收合格牌。

▲ 桥梁左右幅安全通道

## 2.7 隧道施工"工点"

### 2.7.1 基本要求

施工现场按照功能区域划分为材料堆放区、配套设备区、管线布设区、办公休息区等。

材料堆放区根据地形设置在合理位置，尽量减少二次转运。

配套设备区应合理布置在隧道洞口附近，便于配合发挥施工机械效率。

管线布设区应沿隧道侧墙进行布设，做好管线标识和警示。

办公休息区和隧道洞口需保持一定的安全距离。

### 2.7.2 标准化总体布局

▲ 隧道施工标准化布局图

▲ 隧道施工标准化布局实景图

### 2.7.3 标准化区域展示

隧道洞口应设置门禁系统,做好人员进出动态管理。

门口需设置隧道人员显示屏,动态显示隧道内人员数量。

▲ 隧道洞口门禁系统

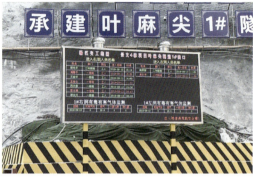
▲ 隧道人员显示屏

施工场地需根据标准化布局图,合理规划人车分离,并利用标线、护栏等将人行通道和车行通道有效隔离。

现场需设置隧道应急物资仓库,并提前储备足量的应急物资。

▲ 人车通道分离

▲ 隧道应急物资仓库

现场可设置安全休息亭，供一线员工休息。

▲ 隧道休息亭

现场应设置隧道监控室,做好隧道内超前地质勘探和隧道24 h监测。

▲ 隧道监测

洞内应设置符合规范要求的应急逃生管道;隧道内管线应沿隧道侧面布设。

▲ 逃生通道　　　　　　　　▲ 管道上墙

隧道内电线需按三相五线制布设；需单独设置隧道内照明线路。
定点设置雾炮机和排风管道，减少洞内扬尘。

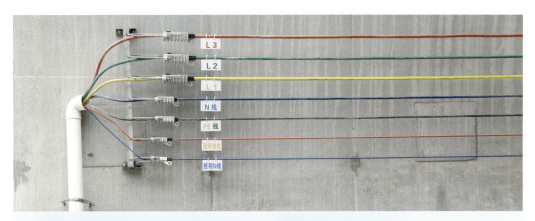

▲ 隧道内安全用电线路

▲ 雾炮机

隧道内应规范使用隧道九台套。

▲ 二次衬砌台车

▲ 自行移动栈桥

▲ 防水台车

## 2.8 明挖隧道基坑施工"工点"

### 2.8.1 基本要求

基坑周边应设置挡水墙，墙高应满足所在地段挡水要求，并做好安全警示。基坑四周必须安装防护栏杆，并满足规范要求；基坑内应设置供施工人员上下的专用及应急通道。

### 2.8.2 标准化总体布局

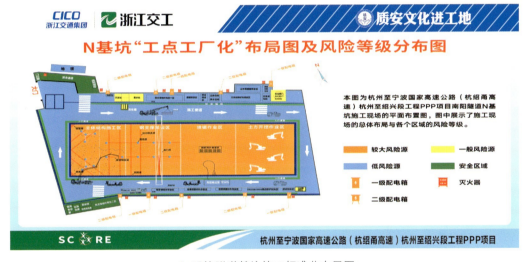

▲ 明挖隧道基坑施工标准化布局图

▶ 明挖隧道基坑施工标准化布局实景图

### 2.8.3　标准化区域展示

基坑四周设置安全防护设施，并挂设安全警示标志。

▲ 基坑临边防护

冠梁上可设置安全通道，经监理工程师验收并挂设验收合格牌后，方可投入使用；冠梁上可设置安全母绳支架，便于作业人员悬挂安全带。

▲ 基坑冠梁通道

▲ 安全母绳支架

基坑外侧设置人行专用安全通道,降水井电缆线延冠梁布设。

▲ 基坑外侧安全通道

▲ 基坑降水电缆线布设

基坑开挖应遵循"开槽支撑、先撑后挖、分层开挖、严禁超挖"的原则，采用放坡开挖；开挖后需定期开展基坑监测，关注基坑是否存在变形。

▲ 基坑开挖支护

▲ 基坑监测

超过24 h未施工的裸土区域应使用绿网进行覆盖。

▲ 裸土绿网覆盖

## 2.9 边坡施工"工点"

### 2.9.1 基本要求

边坡开挖应采取自上而下、分层、分段依次的方式进行。开挖作业时，上台阶与下台阶开挖进深应满足规范要求。

边坡台阶开挖时，应做成一定坡势以利泄水。

### 2.9.2 标准化总体布局

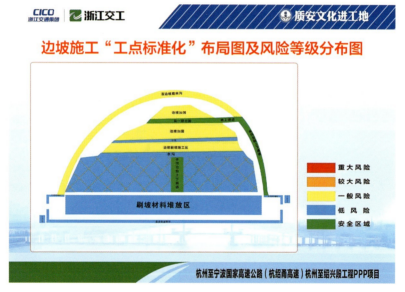

▲ 边坡施工标准化布局图

### 2.9.3 标准化区域展示

▲ 边坡台阶开挖

▲ 边坡修整

▲ 边坡上下通道

## 2.10 路面施工"工点"

### 2.10.1 基层施工

#### 2.10.1.1 基本要求

严格控制水泥剂量：必须严格控制水泥用量，做到经济合理，精益求精，以确保工程质量。混合料的含水率控制：根据施工配合比设计的最佳含水率指标，结合当天的气温、湿度、运距情况确定混合料拌和时的用水量。混合料运输过程中应避免车辆发生颠簸，以减少混合料的离析；当气温较高、运距较远时要加盖苫布，以防止水分过分损失。上午、中午、下午分别测定各种集料的含水率，根据实施拌和时的用水量。

拌和站建设应综合考虑施工生产情况，合理布局和划分拌和区、过磅区、车辆停放区、试验区、集料堆放区及生活区，内设污水沉淀池和排水系统。

拌和站建设应遵循"安全第一、因地制宜、永临结合、经济适用、绿色环保"的原则。拌和站标牌设置明确，各种安全标识、原材料标识等应确保清晰，实现安全文明施工。

#### 2.10.1.2 标准化总体布局

▲ 混凝土拌和站标准化布局实景图

### 2.10.1.3 标准化区域展示

水稳立模，模板应加固支撑，防止压路机碾压将模板压偏。

▲ 水稳立模模板加固

两台以上压路机同时作业，坡道上不得纵队行驶。

▲ 压路机纵队行驶

## 2.10.2 沥青面层施工

### 2.10.2.1 基本要求

面层是直接承受车轮荷载反复作用和各种自然因素影响，并将荷载传递到基层以下的结构层，因此，它应满足表面功能性和结构性的使用要求。面层可为单层、双层或三层。双层结构称为表面层、下面层；若采用三层结构，则称之为表面层、中面层、下面层。

拌和站建设遵循"安全第一、因地制宜、永临结合、经济适用、绿色环保"的原则，合理布局和划分功能区。

### 2.10.2.2 标准化总体布局

▲ 沥青面层施工标准化布局图

▲ 沥青面层施工标准化布局实景图

### 2.10.2.3 标准化区域展示

沥青拌和设备导热油加热炉安装应由具备安装资质的单位施工,并经地方特种机械设备验收部门检测验收,油罐、加热炉、导热油管道等高温区域应采用1.5 m高的白色栅栏进行隔离。

▲ 沥青拌和设备

▲ 全幅摊铺机

摊铺机加装 LED 显示屏、蜂鸣报警器，设置倒车雷达和影像系统，以便观察后方作业机械和人员施工状态。

应在摊铺机上加装警示灯，提高夜间移动的安全性。

▲ 摊铺机加装 LED 显示屏

▲ 设置倒车雷达和影像系统

▲ 蜂鸣报警器

施工车辆须在车头正面张贴施工单位名称，无单位信息的施工车辆不允许进入生产、施工场地；运输车辆应当按有关规定加装卫星定位系统、倒车预警、倒车雷达、倒车影像等安全装置。

压路机需要设置红外自动制动装置或防撞装置、限速装置，安装倒车雷达、倒车影像及蜂鸣报警器等装置。

▲ 压路机防撞装置

▲ 施工车辆车头标识及防撞系统

▲ 压路机车内倒车影像

施工单位应建立合理可行的工程运输车辆、非道路移动机械安全生产管理制度。

施工单位应当严格执行关于工程运输车辆和非道路移动机械安全准入规定，场外运输必须由有运输资质的单位承担，在工程运输车辆进场前必须对车辆安全准入条件进行核查，严禁无牌无证、无保险、车辆检验不合格、非法改装的车辆和无证驾驶人员从事场内外运输作业。

施工材料运输车辆应采取有效的封闭措施，防止材料沿途洒漏。

机械设备停放位置应平整，周围应当设置明显的警示标志，夜间应设警示灯；运输车辆严禁停放在主线上。

▲ 运输车辆封闭措施

▲ 机械设备规范停放

机械设备车身应张贴反光警示条，增强机械设备夜间可视度，提高夜间施工作业的安全性。

▲ 车身张贴反光警示条

第 3 章

CHAPTER 3

其他工点

## 3.1 两区三厂施工"工点"

### 3.1.1 临时建筑

#### 3.1.1.1 地脚预埋控制点

地脚螺栓预埋作业应符合《钢结构工程施工质量验收标准》（GB 50205—2020）的规定。

用尺量检查螺栓露出长度、螺纹长度是否符合质量验收规范要求。找出建筑物轴线，用尺量检查地脚螺栓中心位移是否符合质量验收规范要求。用水平仪检查地脚螺栓的高程是否符合设计要求。用目测和尺量的方法，检查地脚螺栓外露部分是否有弯曲变形以及螺牙损坏情况，如有应进行修正。

▲ 地脚螺栓预埋

地脚螺栓预埋完成后，应采用胶布缠裹丝牙，避免丝牙受到损坏。

▲ 地脚螺栓成品保护

### 3.1.1.2 构件吊装流程

构件的吊装可分为竖向构件吊装（包括柱、联系梁、柱间支撑、行车梁、托架、副桁架等）和平面构件吊装（包括屋架、屋盖支撑、檩条、屋面压型板、制动架等）两大类。

吊装时应从支撑跨开始，并及时安装柱间支撑、屋面梁间支撑、檩条及隅撑，待形成稳定钢框架后才能向前吊装。

平面构件吊装的顺序主要以形成空间结构稳定体系为原则，具体如下图所示。

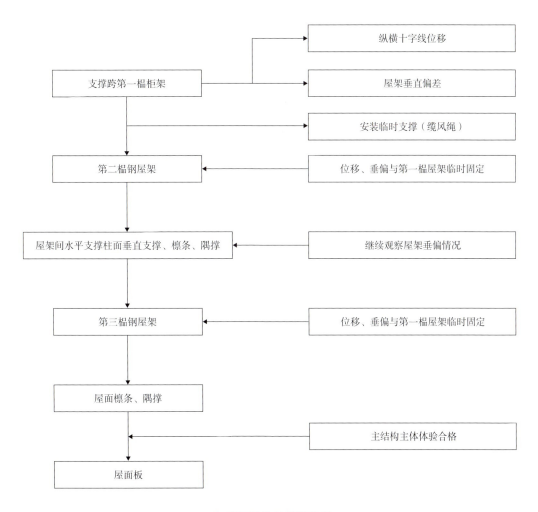

▲ 平面构件吊装流程图

### 3.1.1.3 钢立柱安装

为增强立柱安装安全性,在吊装和安装过程中应使用牵引绳用于增加立柱的稳固性;钢丝绳采取对拉锚固,以防止立柱倾覆。

▲ 牵引绳和钢丝绳设置

钢立柱安装完成后,使用登高车对钢丝绳、牵引绳、临时固定绳进行拆除。

▲ 钢丝绳、牵引绳、临时固定绳拆除

### 3.1.1.4 屋面安全母绳设置

在梁体上方每隔3 m设置一道安全母绳使用杆（支架）。

▲ 安全母绳使用杆（支架）设置

采用直径不小于8 mm的钢丝绳作为安全母绳。

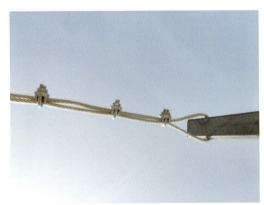 

▲ 安全母绳

### 3.1.1.5 屋面梁安装

屋面梁吊装时，采用两根牵引绳进行位置调整，就位后由高处作业人员使用登高车到达作业面，将屋面斜梁与已安装结构物进行连接。

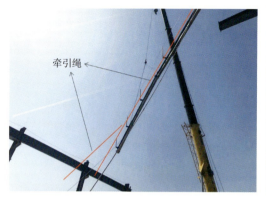

▲ 屋面梁吊装

▲ 屋面梁固定

### 3.1.1.6 承重梁（行车梁）安装

使用登高车进行承重梁固定安装，并设置牵引绳防止吊装过程中出现晃动。

▲ 承重梁固定安装

▲ 行车梁上端设置一道通长生命线

#### 3.1.1.7 柱间支撑（剪刀撑）安装

为增强各立柱间的整体稳定性，应按设计要求在立柱之间加设纵向剪刀撑，在纵向方向上根据计算要求设置一道剪刀撑。在两个剪刀撑之间，通过焊接间距为50 cm水平的角钢（63 mm×63 mm×4 mm）进行横向连接。

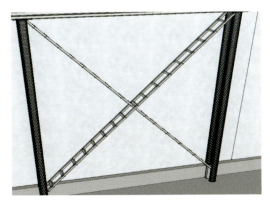 

▲ 剪刀撑安装

### 3.1.1.8 钢结构大棚围护安装

围护板材就位——屋面围护板材应放置在梁两侧各1.5 m范围内，由屋面梁直接承受集中荷载。严禁将屋面围护板材放置在跨中区域，以防止檩条变形板材坠落造成人员伤亡和经济损失。

▲ 围护板材

屋面围护施工——作业人员施工屋面板时，必须佩戴好安全带，安全母绳应系挂牢靠。

◀ 系挂安全母绳

墙面围护施工——侧面封板采用滑轮吊装钢瓦片配合登高车完成彩钢瓦安装。

▶ 彩钢瓦安装

### 3.1.1.9 钢结构整体吊装

在钢结构施工过程中，推荐使用整体吊装。其中，檩条、拉条、隅撑、生命线等部位的50%在地面拼装完成后再整体吊装，以减少高空作业，降低安全风险系数，且施工不易受不良天气影响。

▲ 钢结构整体吊装

### 3.1.2 预制厂

▲ 预制厂标准化布局实景图

钢筋加工区应按照作业条线进行划分，设置标准化防雨棚，并采用统一标线划分人车分离通道。临时用电线路需根据现场实际，采用地埋、架空等方式布设，配电箱应统一标准。

▲ 标准化防雨棚

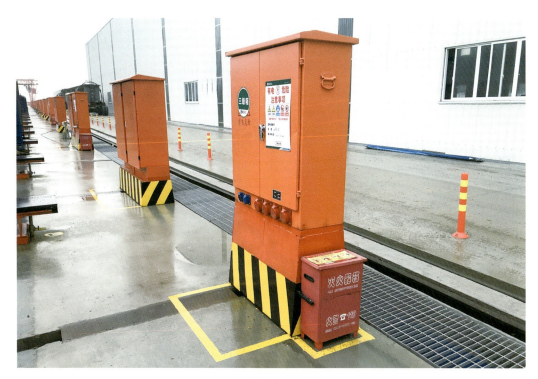

▲ 厂内临时用电布设

预制生产区需设置装配式防护栏杆及专用通道，并挂设安全警示标识标牌。

▲ 液压模板临边防护栏杆

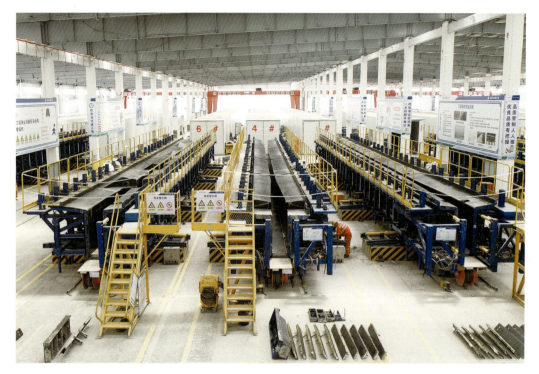

▲ 装配式防护栏杆及专用通道

在蒸养区外侧需设置安全警示标识标牌，提醒人员切勿靠近。养护棚应采用统一标准，并进行编号。在梁板蒸养过程中应有专人进行巡视。

▲ 蒸养过程中进行巡视

梁板存放区应设置在地势平坦、不易积水的区域，梁板存放不得超过两层，边梁斜撑应设置到位，且施工人员要定期进行巡查。

▲ 梁板存放

▲ 日常巡查

预埋构件应按照相应尺寸进行分类存放，并粘贴分类标签。

▶ 预埋构件专用存放柜

▲ 预埋构件存放箱

垃圾箱需定制、定位,做到垃圾定点收集,清洁工具定点存取。

▲ 垃圾回收区

▲ 清洁工具存放处

预制厂大型设备宜采用滑线式供电，施工区域需保持干净整洁，做到工完场清。

▲ 龙门吊滑线

▲ 施工区域工完场清

绑扎作业防掉落平台应满足设计要求，同时挂设相应的警示标志标牌。

▲ 绑扎作业防掉落平台

人员上下移动爬梯及人员作业平台宜采用符合设计要求且便捷的装配式爬梯。

▲ 人员上下T梁安全通道

▲ 人工凿毛安全作业平台

梁板张拉防护挡板宜采用钢板、竹胶板、橡胶三层防护,且应设置防倾覆支撑。

▶ 张拉安全防护挡板

### 3.1.3 钢筋加工厂

钢筋加工厂需结合运输条件、钢筋加工量及地质水文条件等进行规划选址,并实行封闭管理。厂内按加工流程划分为原材料、成品、半成品分类堆放区和钢筋加工区等,各区域宜用颜色区分标明,区域间应设置绿色通道。堆放区需严格按照"超市化"管理模式设置,各类操作规程和危险告知等上墙公示,场地应进行硬化处理,四周应设置排水系统,具体应符合安全、环保、消防、文明施工等各方面的相关要求。

▲ 钢筋加工厂实景图(一)

▼ 钢筋加工厂实景图(二)

▲ 钢筋加工厂实景图（三）

钢筋加工厂重点部位应设置监控系统，以便实时掌握厂内安全状况。

▲ 安全智能监控

钢筋加工厂内应配备专用的钢筋作业平台并设置安全警示标识标牌，现场需经过监理工程师验收合格后方可投入使用。

▲ 墩身钢筋安全制作平台

▲ 桩基钢筋笼安全制作平台

钢筋加工厂内各存放区需严格按照钢筋大小、种类统一摆放整齐，且设置明显的标识标牌。

▲ 加强筋存放区

▲ 半成品存放区

现场应悬挂各类安全宣传标语、警示标牌。

▲ "安全警示"宣传告示牌

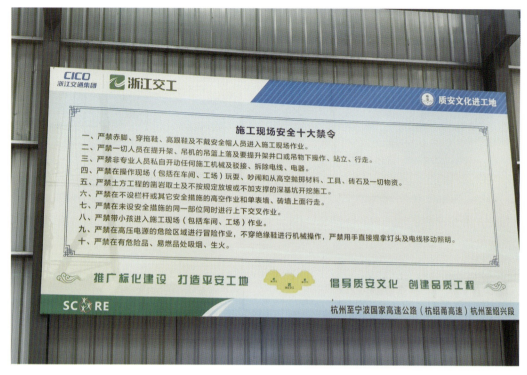

▲ 安全十大禁令告示牌

现场可设置废料回收车和废料存放区，用于收集现场废料。

◀ 废料回收车

▶ 废料存放区

厂内配电箱应按照规范要求进行架空和防护，箱体需张贴责任牌，并配备足量的灭火器。配电箱内应设置漏电保护器和断路器等设施，并按"一机一闸一漏"要求规范接线。

▲ 灭火器

▲ "一机一闸一漏"

二氧化碳应配备专用气保焊推车,并存放在指定位置。

▲ 二氧化碳保护焊推车

钢筋加工厂内可用蓝白隔离护栏进行人车通道分离,通道宜采用绿底黄线,易发生碰撞区域用黄黑警示条警示。

▲ 安全通道

每日作业结束后，应对施工区域及设备进行清理清扫，确保现场干净整洁。

▲ 场地整洁

滚焊机等设备的临时用电线路宜采用隐藏敷设的方式，便于现场作业使用。

▲ 滚焊机焊接线路改进

钢筋棚顶应设置通风设施，排除各类有毒气体及热气，确保棚内新鲜空气流通。

▲ 防雨式排烟扇

现场可设置水杯架及工具箱，改善作业环境及工人习惯。

▲ 水杯架和工具箱

钢筋棚外可设置专门的休息区域供工人临时休息，体现人文关怀。

▲ 安全驿站

加工厂内可设置标准统一的班前会讲台，用于班组日常教育活动。

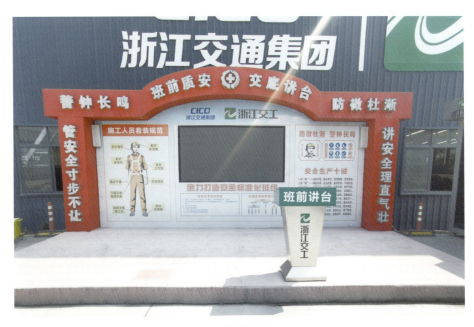

▲ 班前会讲台

### 3.1.4 生活区

生活区建筑优先使用砖混结构，特殊情况下可搭建临时板房，但必须采用阻燃材料。同时，考虑到台风等恶劣天气的影响，生活用房建设不宜超过两层，并应设置防风措施。

生活区按功能可划分为宿舍、食堂、卫生间、浴室、积分超市、活动室等区域，宿舍内可配置空调、收纳箱、桌椅、低压电、智慧用电等设施。

可将项目部、工区、班组、寝室实行"连、排、班、室"四级管理，统一宿舍门牌、人员等信息。

▲ 民工宿舍布置图

宿舍区可根据宿舍平面布局图进行布置。对摆放物品可进行标线定位，并对相关物品进行编号标识。同时，可为工人设置储物柜与收纳箱。

▲ 宿舍布局

▲ 个人用品定位与编号

 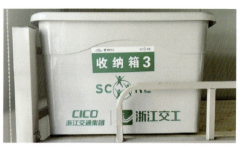

▲ 储物柜与收纳箱

宿舍区配备员工娱乐区。

▲ 员工球室

▲ 员工篮球场

宿舍按"连、排、班、室"四级管理。

▲ "连、排、班、室"四级管理

宿舍内部全部采用有 USB 接口的低压电源。

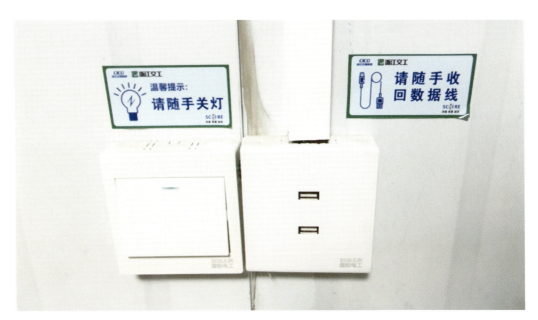

▲ USB 低压电源

宿舍设置独立充电处与热水处。

▲ 充电柜及热水供应点

### 3.1.5 施工便道

施工便道设置需符合规范要求,应在出入口设置值班室、门禁系统、"五牌一图"。

施工便道应设置装配式护栏、铁马、警示柱、可移动护栏等装置,并安放相应的限速、限宽、限重、限高等警示标牌。

▲ 施工便道

临崖临水等路段应设置水泥墩、防撞护栏,并设置减速带。

▲ 防撞墩

施工便道上方支架应设置限高、限宽、限速等警示标牌。

▲ 施工便道限高、限宽、限速牌

施工便道进出口应设置门禁,并安排专人值班。

▲ 便道进出口门禁

便道上可设置仿真警示假人和测速仪,提醒过往车辆减速慢行。

▲ 交叉路口警示装置

▲ 智能测速仪

便道改道施工时，可安排人员进行车辆引导，并设置安全警示设备或设施，防止车辆人员误闯入施工区域。

▲ 改道施工安全警示警戒

施工便道定期清洁维护。

▲ 移动清扫车

▲ 喷雾降尘

便道设置喷雾系统进行洒水降尘。

▼ 车辆出入洗车池

## 3.2 码头"工点"安全设施标准化

### 3.2.1 大管桩吊装

采用四点吊装法。

### 3.2.2 钢扁担法围囹施工

横向扁担搁置于桩顶,其上设置纵向扁担,精轧螺纹钢反吊围囹,围囹底板四周设置防护栏杆。

### 3.2.3 嵌岩钢施工平台搭设

钢桩上焊接牛腿,贝雷架搁置其上,上层铺设 H 型钢,用钢网片满铺,履带吊行走区域铺设钢板。

## 3.2.4 上部结构

码头面层洞口悬挂安全网。

码头施工区域设置安全通道，通道上安置救生圈等安全设施。

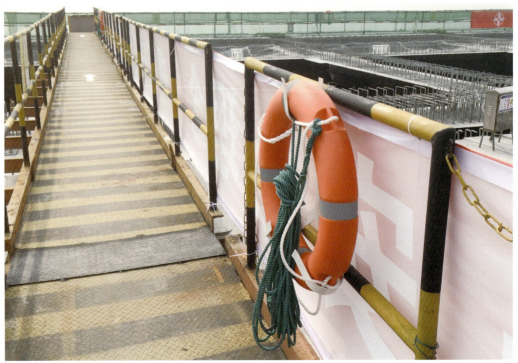

面层混凝土施工采用定型化操作平台。

面层施工设置安全通道。

### 3.2.5 其他

临舍建设集约化。

材料加工集中化,在施工后方设置钢材加工中心。

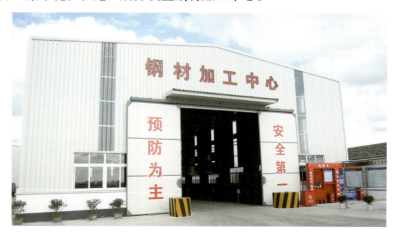

材料加工集中化,钢材加工中心内分区管理,原材料、半成品整齐堆放。

材料加工集中化,木材加工区域堆放整齐。

材料加工集中化,并采用数控钢筋弯曲机。

施工现场入口处设置安全警示标志。

施工现场入口处设置危险源动态告知牌。

施工现场入口处设置各类安全警示标牌。

现场主要通道硬化。

第 4 章

CHAPTER 4

工程掠影